Tu was Du liebst – und trau Dich Geld zu nehmen!

Durch fünf Erkenntnisse macht Geld verlangen endlich Spaß

Samuel Woitinski

Du kannst dem Autor schreiben an samuel@tu-was-du-liebst.de
oder Fan werden unter www.facebook.com/tuwasduliebst

2. Auflage, Juni 2014

© Samuel Woitinski (Autor)
Covergrafik & Layout: Irina Orlova, Samuel Cremer, Michael Kudla

Herstellung und Verlag: Books on Demand GmbH, Norderstedt

ISBN 9783735725035

Kein Teil des Werkes darf in irgendeiner Form (durch Fotokopie, Mikrofilm oder ein anderes Verfahren) ohne schriftliche Genehmigung des Verlages reproduziert oder unter Verwendung elektronischer Systeme gespeichert, verarbeitet, vervielfältigt oder verbreitet werden.

Wähle:
Entweder Du verlangst Geldbeträge, die Dich glücklich machen oder welche, die Dich unglücklich machen.

Die fünf Erkenntnisse

1. Es nützt - ich nütze 21

2. Es gibt keine Konkurrenz 25

3. Automatisch gut genug 29

4. Der Lächelfaktor 41

5. Nehmen ist Geben 49

Vorwort von Hans-Peter Zimmermann

„Geld allein macht nicht glücklich. Aber es erlaubt glücklichen Menschen, das Leben zu leben, das sie verdienen."

Was soll ich sagen? Dieses Buch ist nicht Wasser auf meine Mühle, sondern ein tosender Wasserfall. Oder mit anderen Worten: Samuel spricht mir aus der Seele.

In meinen Seminaren versuche ich immer, meinen Teilnehmern beizubringen, dass wir für unsere Wirkung bezahlt werden und nicht für unsere Leistung. Samuel liefert mit diesem Buch den Praxis-Workshop dazu; er begleitet den Leser schrittweise durch den Prozess, der zu einer würdevollen und selbstwertfördernden Preispolitik führt.

Was mir besonders gut gefällt: Wer den Preis für das vom Umfang her eher bescheidene Büchlein zu hoch findet, hat es am meisten nötig!

Hans-Peter Zimmermann
Autor der Bestseller
„Großerfolg im Kleinbetrieb" und
„Geld ist schön" - (www.hpz.com)

Tu was Du liebst – und trau dich Geld zu nehmen

Wir alle träumen davon, genug Geld zu verdienen! Vielleicht geben wir es nicht offen zu. Aber insgeheim will jeder so viel Geld, dass er sein Leben frei nach seinen Wünschen gestalten kann. Doch es gibt da ein Problem: Die meisten von uns leiden an einer ansteckenden Krankheit. Ich wurde schon früh mit dieser Krankheit angesteckt. Erst als ich mein Studium beendet hatte und begann, in der Welt zu wirken, erkannte ich langsam die Symptome.

Mein eigenes Geld zu verdienen, war hart. Es fühlte sich unendlich schwer an. Jeder Tag war ein Kampf. Es war wie verhext. Immer, wenn ich versuchte, nach Geld zu greifen, schien es mir zu entwischen.

So ging das, bis ich 29 Jahre alt wurde. Dann geschah etwas, das mein Leben von Grund auf veränderte: Ich lernte meinen Coach kennen. Es war wie ein Wunder. Ich sah, wie er 400 Euro pro Stunde verdiente – und mehr! Ich beobachtete ihn genau, achtete darauf, wie er mit Geld umging, wie er über Geld redete, über Geld dachte.

Dabei wurde mir nach und nach etwas Entscheidendes bewusst: der Gefühlsknoten in meinem Bauch. Ohne es zu merken, hatte ich mich mit Angst und Scham, mit falschen Gedanken über Geld angesteckt, die mir immer wieder Steine in den Weg legten, mich blockierten und einschränkten. Ich erkannte, dass ich unter einer Krankheit litt, die auch viele andere befällt. Ich verstand, dass ich ohne diesen Gefühlsknoten in meinem Bauch frei sein würde – frei, so viel Geld zu verdienen, wie ich nur wollte.

Also begann ein Wettbewerb zwischen diesem Gefühlsknoten und mir. Ich fing an, mit dem Geldverdienen sportlich zu spielen und mich auszuprobieren. Ich verließ dafür immer wieder meine Komfortzone. Ich tat genau das Gegenteil von dem, was der Gefühlsknoten mir erzählte: Nämlich viel mehr Geld zu verlangen und anzunehmen, als ich mich vorher je getraut hätte. Ich tat es mit den typischen Symptomen der Angstkrankheit. Meine Hände waren mit kaltem Schweiß bedeckt, mein Bauch krampfte sich zusammen und ich fühlte mich definitiv schlecht dabei – anfangs.

Allmählich erkannte ich, dass der Gefühlknoten in allen Punkten falsch lag. Ich erlebte, dass einfach nichts von dem stimmte, wovor er mich so eindringlich zu warnen versuchte. Gute Erfahrungen ließen nicht lang auf sich warten und mein Mut wurde belohnt.

Die Erkenntnisse, die ich in diesem Buch mit Dir teilen will, sind meine Beobachtungen über die Wirklichkeit, die ich erst wahrnahm, als mein Gefühlsknoten sich löste. Ich zeige Dir fünf hochwirksame Erkenntnisse, die ich von meinem Coach und anderen Geldexperten gelernt habe. Sie werden auch Dein Leben verändern. Die einzige Vorraussetzung ist, dass Du aktiv auf Dein Bauchgefühl achtest, während Du die Erkenntnisse nachvollziehst. Das ist alles, was es braucht. Achte beim Lesen sehr genau auf Dein Bauchgefühl.

Während viele von uns davon träumen genug Geld zu verdienen, sind die meisten mit der Vorstellung zufrieden, nur etwas mehr zu verdienen als sie zur Zeit verdienen. Manche wollen doppelt so viel. Andere wiederum wollen tausende oder zehntausende Euro im Monat – oder noch viel mehr.

So träumen wir vom großen Geld. Doch bei der nächsten Gelegenheit, bei der wir mehr Geld verlangen könnten, trauen wir uns wieder nicht, die gewünschten Beträge zu nennen. Ob bei der nächsten Gehaltsverhandlung oder – als Selbstständiger – beim nächsten Angebot.

Stell Dir die Situation einmal vor, Du bewirbst Dich bei einem Unternehmen oder machst ein Angebot an einen potentiellen Kunden.

Die Frage an Dich klingt stets so ähnlich wie:

„Wie viel Geld willst Du dafür haben?"

Bemerke, dass Du fast immer die Gelegenheit bekommst, diese Frage frei zu beantworten. Menschen machen permanent Tauschgeschäfte. Was dabei gegen was ausgetauscht wird, ist stets Verhandlungssache.

Mach Dir eines klar, niemand zwingt Dich, irgendeine Sache zu tun oder herzugeben. Nur, wenn Du aus freien Stücken dem Austausch zustimmst, wird eine Vereinbarung zustande kommen. Ein Austausch beginnt mit einer Vereinbarung. Hier bist Du immer wieder gefragt, wie viel Geld in Deine Richtung fließen soll: „Wie viel willst Du dafür haben?"

Achte einmal darauf, was in Dir geschieht, wenn Du einen Betrag nennen sollst, den Du haben willst. Die meisten Menschen spüren bei dieser Frage einen Gefühlsknoten im Bauch.

Vielleicht ist es bei Dir ganz ähnlich. Du beobachtest, dass der Betrag, den Du nennst, häufig kleiner ist, als Du eigentlich im Sinne hattest.

Es ist, als ob Dir der Gefühlsknoten im Bauch nicht erlaubt, einen höheren Betrag zu nennen, als ob dieser Knoten im Bauch den Betrag klein hält – auf unerklärliche Weise.

Häufig findest Du keinen Weg, diesen Gefühlsknoten zu umgehen. Dann landest Du bei einem Betrag, der Dir eigentlich zu klein erscheint.

Und kaum nennst Du einen Betrag, ist er vorbei, der Traum vom großen Geld. Zumindest für eine Weile, bis zur nächsten Gelegenheit.

Ein Freund von mir hat das so beschrieben: „Man versucht den unangenehmen Gefühlsknoten schnell zu umgehen und nennt deshalb einen niedrigen Preis. Man reflektiert vorher nicht, welchen Preis man eigentlich nehmen möchte. Plötzlich ist man von der Situation überrumpelt und nennt einen Preis, der nahe bei dem liegt, woran man eben schon gewöhnt ist."

> „Geld ist wie eine Batterie – vollkommen neutral. Ob gut oder schlecht zeigt sich erst nachdem Einsatz."

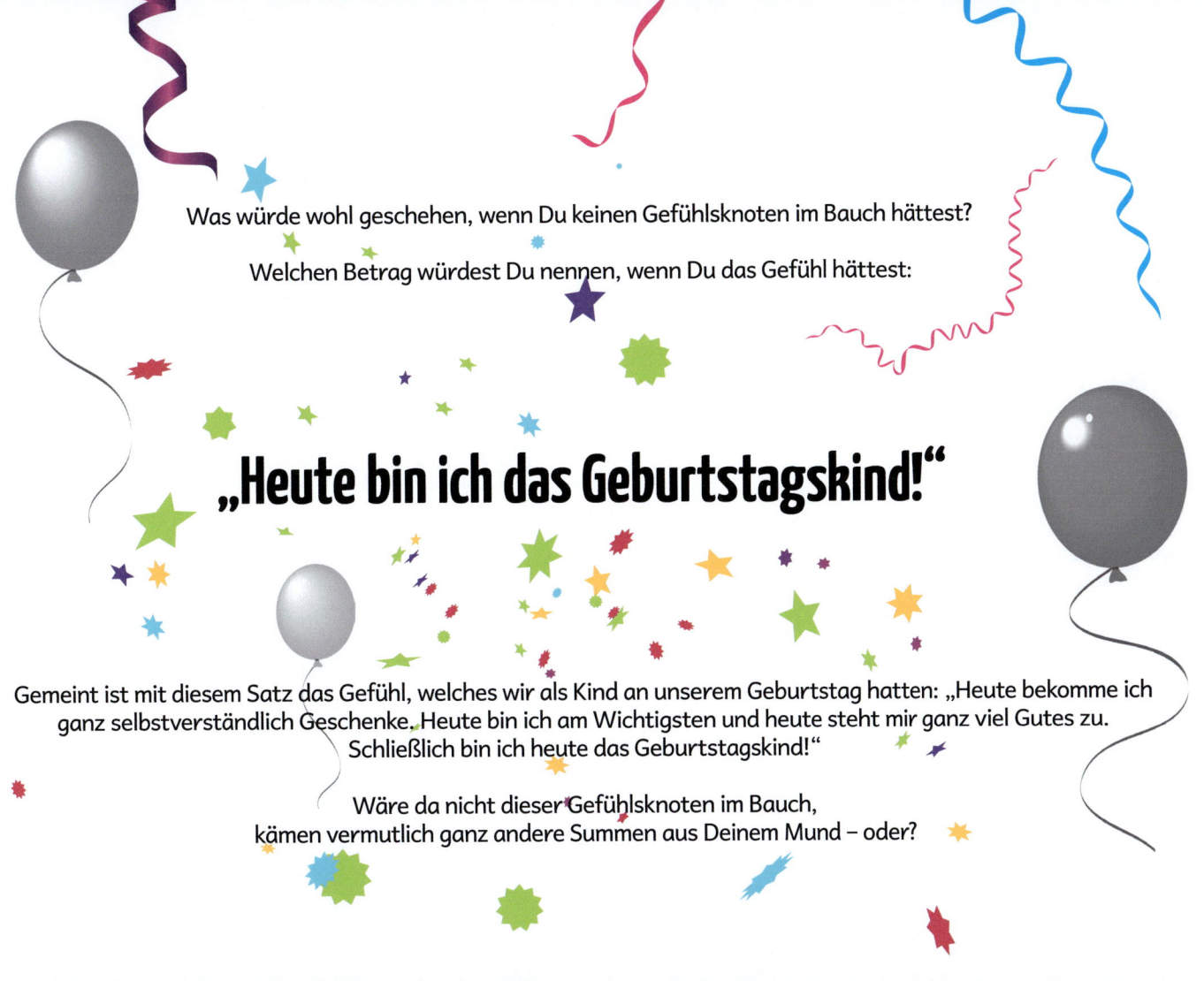

Was würde wohl geschehen, wenn Du keinen Gefühlsknoten im Bauch hättest?

Welchen Betrag würdest Du nennen, wenn Du das Gefühl hättest:

„Heute bin ich das Geburtstagskind!"

Gemeint ist mit diesem Satz das Gefühl, welches wir als Kind an unserem Geburtstag hatten: „Heute bekomme ich ganz selbstverständlich Geschenke. Heute bin ich am Wichtigsten und heute steht mir ganz viel Gutes zu. Schließlich bin ich heute das Geburtstagskind!"

Wäre da nicht dieser Gefühlsknoten im Bauch, kämen vermutlich ganz andere Summen aus Deinem Mund – oder?

Lass uns diesen Gefühlsknoten einmal näher betrachten. Er beinhaltet häufig folgende Gedanken:

- „Ich will doch nicht riskieren, dass der andere einen Rückzieher macht, sobald er meinen Preis hört. Er wird dann sicher sofort den Kontakt abbrechen." Der Knoten erzählt uns, es wäre gar lebensgefährlich, den Chef bzw. Kunden zu verlieren.

- Ist der Mensch jemand, den wir kennen oder mögen, ist es besonders schwierig, für uns Geld zu verlangen: „Ich will doch nicht, dass bei ihm dieses Gefühl des Mangels aufkommt". Ein Gefühl, das wir selbst empfinden, wenn von uns jemand viel Geld verlangt.

- „Vermutlich ist meine Zeit bzw. Leistung nicht so viel wert." Das denken wir insbesondere dann, wenn wir etwas anbieten, das uns leicht fällt oder sogar Spaß macht.

- „Ich habe so viel Geld gar nicht verdient."

- „Andere bieten Dasselbe bestimmt viel günstiger an."

- „Andere sind besser als ich."

- „Es macht mir schon so viel Spaß das zu tun, da kann ich doch nicht auch noch Geld dafür nehmen."

Und dann gibt es noch ganz individuelle Dinge, die Dir Dein eigener Gefühlsknoten mit seiner persönlichen Geschichte erzählt.

„Vertraue immer darauf: Dieser Gefühlsknoten lügt!"

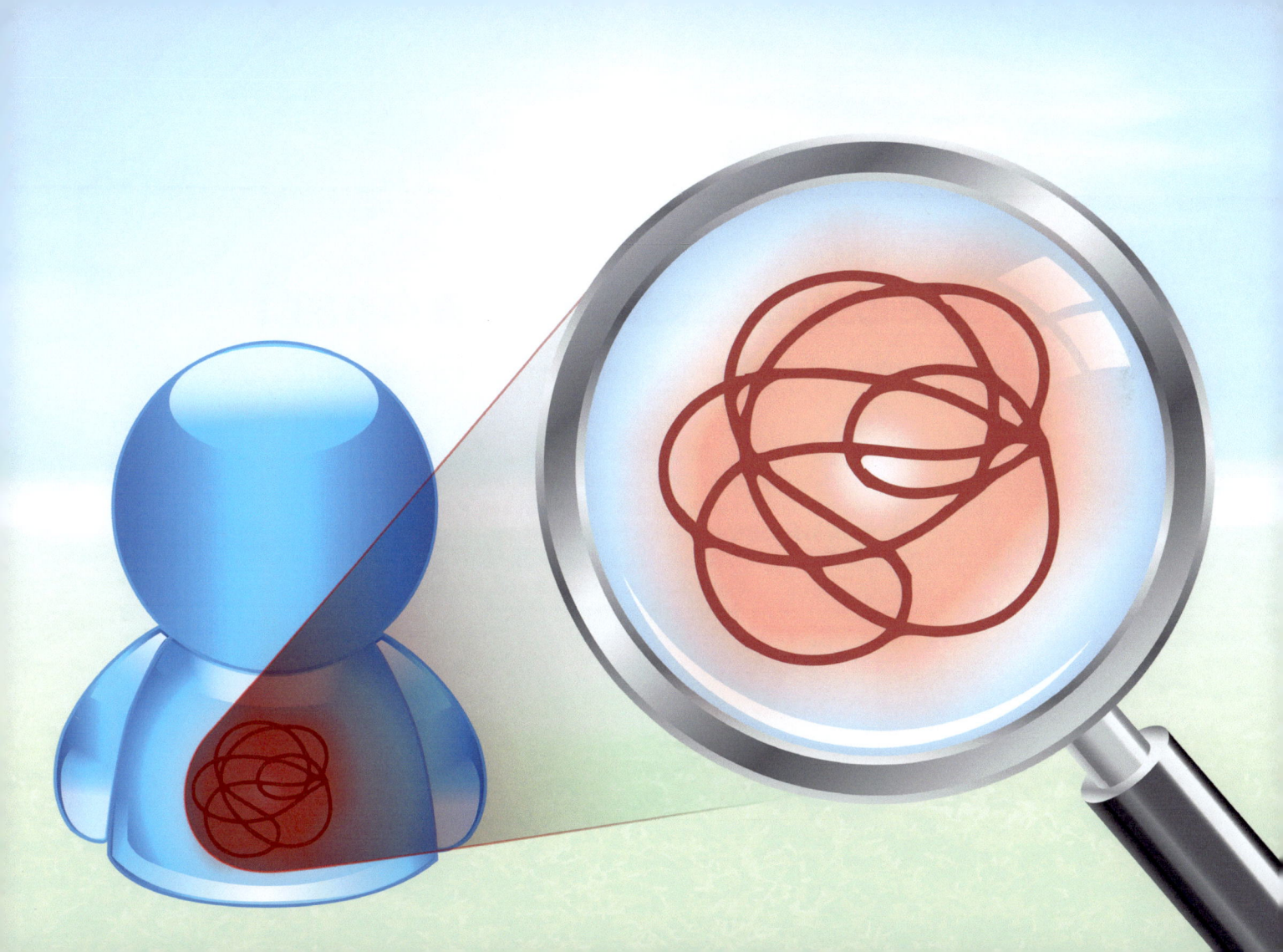

Wie löst Du diesen Gefühlsknoten auf?

Wie ersetzt Du den Gefühlsknoten durch ein warmes und sicheres Gefühl, das sagt:

„Ich habe es verdient,
diese Summe Geld zu bekommen.
Ich kann, ich darf, ich muss sogar
mindestens so viel für meine Leistung erhalten!
Es ist ein Akt der Selbstliebe
diese Summe zu verlangen.
Es ist selbstverständlich."

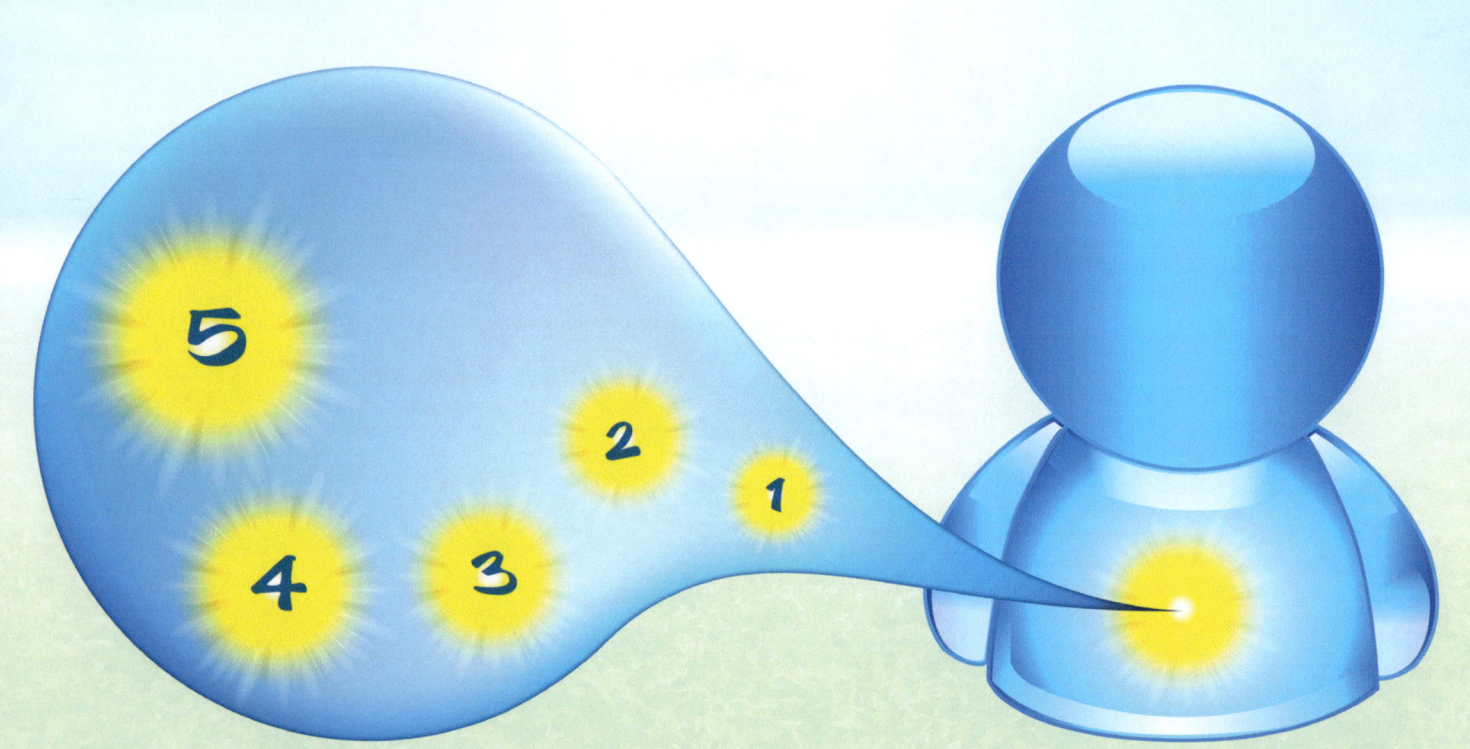

Fünf transformierende Erkenntnisse

Versprochen: Dein Gefühlsknoten kann so schnell aus Deinem Bauch verschwinden, wie Du einen neuen Gedanken denken kannst.

Folge den Ausführungen auf den nächsten Seiten und beschäftige Dich intensiv mit den neuen Gedanken, die Du dort kennenlernst. Lass Dich darauf ein und höre währenddessen genau auf Dein Bauchgefühl.

Es erwarten Dich 5 hochwirksame Erkenntnisse, von denen jede einzelne die Kraft hat, Deinen Gefühlsknoten zu transformieren. Wenn Du zu einem der folgenden Gedankengänge nicken und laut sagen kannst: „Ja, stimmt!" – dann wird der Gefühlsknoten verschwinden. Denn dieser Gefühlsknoten kann nicht zusammen bzw. gleichzeitig mit den neuen Gedanken existieren.

„Geld ist reines Vertrauen in die Zukunft. Wenn Du Münzen und Scheine annimmst, dann nur im Vertrauen, dass Du später etwas anderes dafür bekommst."

Es nützt – ich nütze!

Nur ein neuer Gedanke, aber der ändert alles.

Denn: Wie viel Geld ist eine Arbeit <u>wert</u>, die nicht viel nützt?

Genau: Sie ist nichts <u>wert</u> – oder zumindest nicht viel.

Nutzen = <u>Wert</u> = Geldbetrag

Wenn Du wenig Geld verlangst, ist es gut möglich, dass Du denkst, Dein Beruf würde keinen Wert schaffen. Keine Sorge: Du brauchst Deinen Beruf nicht zu wechseln. Du musst nur eines tun: Dein Bewusstsein ausweiten und genau hinschauen.

Mach Dir bewusst, wie Du und Deine Arbeit anderen Menschen nützt.

Stell Dir vor, Du wärst Dir bereits bewusst, wie Deine Arbeit dafür sorgt, dass Menschen es einfacher haben, durch Dich Geld und Zeit sparen, Missverständnisse vermeiden, mehr Möglichkeiten haben, mehr vertrauen können, etwas mehr genießen, es bequemer haben, sich sicher fühlen können etc.:

Wie würdest Du Dich in Bezug auf den Wert Deiner Arbeit fühlen?

Dein Knoten im Bauch weiß eines ganz genau: „Was nichts nützt, ist wert-los."
Eine positive Absicht des Knotens im Bauch ist es zu verhindern, dass Du mehr Geld verlangst, als dem entspricht, was Du dem Anderen nützt. Das Problem ist in den meisten Fällen nicht, dass Du nicht genug Nutzen bringst, sondern nur, dass Du Dir des Nutzens Deines Wirkens noch nicht voll bewusst bist.

Wenn Du Dir nicht bewusst bist, was Deine Arbeit tatsächlich nützt, wirst Du Dich nicht trauen, dafür gutes Geld zu verlangen. Denn was nichts nützt, ist nichts wert.

Und umgekehrt: Bist Du Dir Deines Nutzens bewusst, wird es für Dich selbstverständlich sein, dafür Geld zu nehmen. Du wirst wissen, dass Deine Arbeit Geld wert ist.

Mithilfe der folgenden Nutzenliste kannst Du zum einen feststellen, wie nutzenbewusst Du bezüglich Deiner Arbeit und Deiner Talente bist. Zudem wirst Du beim Ausfüllen automatisch Dein Bewusstsein erweitern. Schreibe jetzt einmal direkt auf, was Deine Arbeit, Deine Dienstleistung oder auch Dein Produkt anderen Menschen Gutes tut.

Die folgende Liste wird Dir dabei sehr helfen. Bevor Du damit beginnst, beantworte die Frage:

„Was ist eine Stunde Deiner Arbeit wert?"

Meine Arbeit/mein Talent/mein Service/meine Leistung/mein Produkt ....

schafft
_____

fördert
_____

stärkt
_____

sorgt für
_____

erleichtert
_____

erweitert
_____

spart
_____

bringt ein
_____

ermöglicht
_____

verhindert
_____

sichert
_____

schützt vor
_____

befreit von
_____

erhöht
_____

verringert
_____

hilft
_____

garantiert
_____

dient zu
_____

gewährt
_____

Fertig ausgefüllt?
Na, wie fühlst Du Dich jetzt? Hat sich die Summe, die Du mit gutem Gefühl verlangen kannst, vielleicht schon verändert?

Es gibt keine Konkurrenz!

Es gibt keine Konkurrenz!

Als Du darüber nachgedacht hast, mehr Geld zu verlangen, bist Du vielleicht schon auf diesen Gedanken gestoßen: „Jemand anderes bietet die gleiche Arbeit bzw. Leistung günstiger an. Wenn ich mehr Geld verlange, wird mich niemand mehr haben wollen."

Hier kommt ein neuer Gedanke für Dich:

Wer macht die Arbeit genau wie Du?
Wirklich genauso wie Du?

Stimmt, niemand. Du bist einzigartig – und das gleiche trifft auf Deine Arbeitsergebnisse zu!

Deshalb gibt es in Wirklichkeit keine Konkurrenz.

Die Menschen, die genau Dir vertrauen und Dich wollen, sind bereit, Deinen Preis zu bezahlen .

„Mache Dir Deine Einzigartigkeit bewusst."

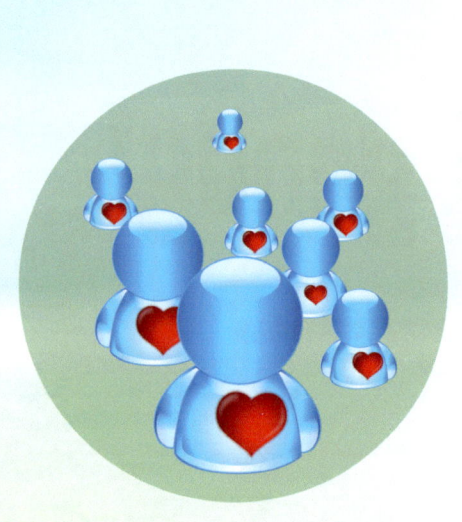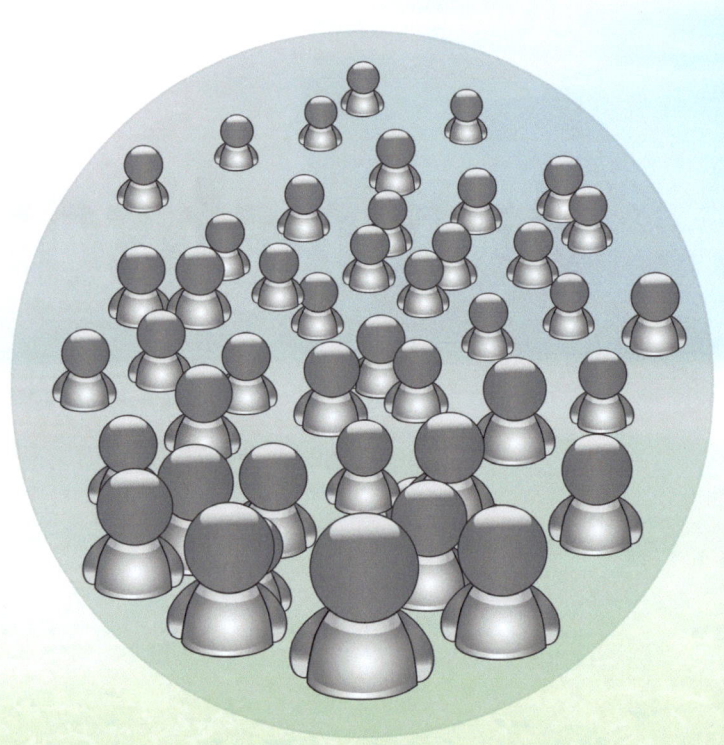

Automatisch gut genug!

„Werde ich auch die Erwartungen meines Arbeitgebers bzw. meines Kunden erfüllen?
Bin ich auch gut genug?", fragt der Gefühlsknoten in Deinem Bauch.

In Wirklichkeit bist Du in dem, was Du anbietest, fast immer gut genug – und sogar besser als das!

Wenn Du zum Friseur gehst? Wer kann besser Haare schneiden – Du oder er? Wenn Du einen Webdesigner beauftragst, wer von Euch gestaltet die bessere Grafik?

Wenn jemand zu Dir kommt und von Dir etwas haben will: Wer ist dann vermutlich besser in der Sache?

Du kannst Dich darauf verlassen: Wenn Dich jemand einstellt oder beauftragt, dann bist Du in dem, was Du tust, in der Regel automatisch besser als der Andere.

Jeder hat seine Steckenpferde, seine Dinge, die er liebt. Darin hat jeder für sich selbst die meisten Erfahrungen und die besseren Fähigkeiten.

„Wer das tut, was er liebt, ist besser als alle, die diese Tätigkeit nicht lieben. Immer."

Vielleicht und vermutlich bist Du nicht der Beste auf der Welt in dem, was Du tust bzw. anbietest. Aber Du bist darin immer besser als jemand, der stattdessen etwas anderes liebt und gut kann.

So kommt zum Beispiel ein Meisterkoch oder ein Profifotograf auf Dich zu und will Deine Hilfe bei etwas, was er selbst nicht so gut kann. Kannst Du erkennen, dass Du darin automatisch besser sein wirst als er? Außerdem:

Es gibt stets weniger Menschen, die Deine Lieblingssache gut können, als Menschen, die diese Sache brauchen.

So wendet sich immer eine größere Anzahl von Menschen an eine kleinere Menge Menschen, die etwas Bestimmtes besser beherrschen. In dem, was Du liebst und tust, gehörst Du immer zur kleineren, exklusiveren Gruppe. So gibt es immer viel mehr potentielle Arbeitgeber und Kunden als Anbieter für eine Sache bzw. Tätigkeit. Ist das nicht fantastisch?

Grundsätzlich gut genug!

Solltest Du die Gedanken „Ich bin nicht gut genug" , „Ich bin es nicht wert", „Ich habe es nicht verdient" nicht für dreiste Lügen halten und darüber amüsiert lächeln, dann glaubst Du höchstwahrscheinlich daran, dass sie wahr sind.

Wenn Du Geld verlangen willst, erinnert Dich der Gefühlsknoten im Bauch stets an diese Sätze. Und damit ist sicher:
Das wird Dich zurückhalten, angemessene Beträge zu nennen.

Diese limitierenden Glaubenssätze, die wir hier durchgehen, entstehen in der Kindheit. Und zwar bei fast allen Kindern, noch bevor sie 6 Jahre alt geworden sind. Diese Sätze sind stets Verallgemeinerungen über sich selbst, Dinge, Menschen oder das Leben, die uns die Sicht auf die Wirklichkeit in der Gegenwart versperren bzw. sie verzerren.

Dazu muss man wissen: Es ist eine natürliche Funktion des Gehirns, sich die Ereignisse des Lebens zu erklären, plausibel zu machen. Und wenn ein Kind kritisiert und ausgeschimpft wird, nicht bekommt, was es will oder mit lauter Stimme korrigiert wird, dann „beantwortet" das Kind die Frage „Warum geschieht das?" mit einer Schlussfolgerung à la: „Ich bin nicht gut genug", „Ich bin es nicht wert", „Ich habe es nicht verdient". Und merkt sich das fortan für's ganze Leben.

Das geschieht natürlich, wenn die Eltern nicht gerade eine Elternschule besucht haben und besonders darauf achten, mit den Kindern so umzugehen, dass keine negative Glaubenssätze entstehen.
So sagt eine bewußte Mutter, die gerade telefoniert, zu ihrem Kind, das ihr gerade unbedingt ein Bild zeigen wil:
"Liebes, Du bist sehr wichtig und ich schau mir Dein Bild direkt nach meinem Gespräch an."
Auf diese Weise hilft Sie zu verhinden, dass das Kind sich einbildet "Ich bin wohl nicht wichtig.".

Kaum jemand hat das Glück gehabt solche Eltern zu haben. Die gute Nachricht lautet aber: Glaubenssätze lassen sich relativ leicht entlarven und für immer zum Verschwinden bringen. Wenn Du magst, kannst Du gleich jetzt drei der häufigsten beschränkenden Glaubenssätze für immer löschen. Als Hilfestellung findest Du auf den nächsten drei Seiten eine sehr einfache Anleitung.

Glaubenssatz:
„Ich bin nicht gut genug!"

Stell Dir eine typische Situation aus Deiner Kindheit vor, die Du erlebst hast oder erlebt haben könntest und in der Du gefühlt hast: „Ich bin wohl nicht gut genug." (Lies erst weiter, wenn Du diese Situation wirklich vor Augen hast.)

Du bist jetzt als Kind in dieser Situation und fühlst dieses Gefühl im Bauch, dass Dir sagt: „Ich bin nicht gut genug". Da bemerkst Du wie eine gute Fee auf Deiner Kinderschulter sitzt und Dir einen dieser Gedanken zuflüstert:

- Du bist vielleicht als Kind nicht gut genug, aber Du kannst Dich schon mal freuen, denn als Erwachsener wirst du gut genug sein!

- Du bist nicht gut genug für Deinen Vater oder Deine Mutter, aber schau mal, für ganze viele andere Menschen bist Du gut genug!

- Du bist gerade bei dieser Sache nicht gut genug gewesen, aber ganz viele andere Sachen machst Du super!

- Schau einmal, Deine Eltern haben überzogene Erwartungen an ein Kind und denken, Du seist nicht gut genug – aber sie irren sich und haben Unrecht.

„Schau einmal, Deine Eltern denken oder sagen,
dass Du es nicht wert bist –
aber sie irren sich
und liegen total falsch."

Glaubenssatz:
„Ich bin es nicht wert!"

Nun stell Dir eine typische Situation vor, die Du als Kind erlebt hast oder haben könntest und in der Du gefühlt hast: „Ich bin es nicht wert." (Lies erst weiter, wenn Du diese Situation wirklich vor Augen hast.)

Du bist jetzt als Kind in dieser Situation und fühlst dieses Gefühl im Bauch, das Dir sagt: „Ich bin es nicht wert". Da bemerkst Du wie eine gute Fee auf Deiner Kinderschulter sitzt und Dir einen dieser Gedanken zuflüstert:

- Als Kind bist Du es vielleicht nicht wert, aber Du kannst Dich schon mal freuen, denn als Erwachsener wirst Du es wert sein!

- Du bist es nicht wert für Deinen Vater oder Deine Mutter, aber schau mal, für ganze viele andere Menschen bist Du es wert!

- Du bist es vielleicht in dieser Situation nicht wert, aber in ganz vielen anderen Situationen bist Du es wert!

- Schau einmal, Deine Eltern denken oder sagen, dass Du es nicht wert seist – aber sie irren sich und liegen falsch.

„Also, wenn Du jetzt gerade nicht bekommen hast,
was Du wolltest, bedeutet das nicht,
dass Du es nicht verdienst.
Sie hin: oft bekommst Du auch was Du willst. "

Glaubenssatz:
„Ich habe es nicht verdient!"

Und jetzt stell Dir eine typische Situation vor, die Du als Kind erlebt hast oder haben könntest und in der Du gefühlt hast: „Ich habe es nicht verdient." (Lies erst weiter, wenn Du diese Situation wirklich vor Augen hast.)

Du bist jetzt als Kind in dieser Situation und fühlst dieses Gefühl im Bauch, das Dir sagt: „Ich habe es nicht verdient.". Da bemerkst Du wie eine gute Fee auf Deiner Kinderschulter sitzt und Dir einen dieser Gedanken zuflüstert:

- Es stimmt, dass Du es als Kind nicht verdient hast, aber Du kannst Dich schon mal freuen, denn als Erwachsener wirst Du es verdient haben!

- Du hast es nicht verdient in den Augen Deines Vaters oder Deiner Mutter, aber schau mal, für ganze viele andere Menschen verdienst Du es!

- Du hast es in dieser Situation nicht verdient, aber das heißt nicht, dass Du es immer und in allen Situationen nicht verdienst.

- Schau einmal, Deine Eltern denken oder sagen, dass Du es nicht verdient hast – aber Sie irren sich und liegen ganz falsch!

- Also, wenn Du gerade nicht bekommen hast, was Du wolltest, bedeutet das nicht, dass Du es nicht verdienst. Deine Eltern finden, dass Du alles verdienst, was Du willst, und wollen Dir am liebsten alles geben – aber leider haben Sie dazu nicht die Möglichkeiten und sind selbst traurig darüber.

Wie ist es Dir mit dieser Übung ergangen?

Häufig reicht es zu erkennen, dass unsere Schlußfolgerung, die wir als Kind gewählt haben, nicht die einzig mögliche Erklärung für die Ereignisse gewesen ist. Eine der anderen Erklärungsmöglichkeiten hätte genauso wahr sein können, oder? Diese Art, die Glaubenssätze zu entlarven nennt man im Neuro-Linguistischen Programmieren (NLP) „Re-Framing".

Das Re-Framing ist auch ein kleiner Teil der noch viel effektiveren Methode: der sog. „Lefkoe-Methode", die der Amerikaner Morty Lefkoe vor über 20 Jahren entwickelt hat. Leider gibt es im deutschsprachigen Raum sehr wenig Coaches, die sich auf diese Methode verstehen.

Erfahrungsgemäß haben Menschen noch viel mehr als diese drei limitierenden Glaubensätze, die es sich sehr lohnt zu entlarven. Falls Du mehr über die Lefkoe Methode erfahren willst, kannst Du unter www.mortylefkoe.com nachsehen oder auch mir schreiben samuel@tu-was-du-liebst.de, da ich in dieser Methode ausgebildet bin.

Der Lächelfaktor

Deine Mundwinkel verraten Dir Deinen persönlichen Lächelpreis

Wieviel Geld willst Du für diesen Auftrag haben?
Wie hoch soll Dein Gehalt bzw. Honorar sein?
Was berechnest Du für eine Arbeitsstunde?

Vielleicht denkst Du als erstes darüber nach, welchen Betrag Du bekommen kannst. Du willst Dich nicht zu weit aus dem Fenster lehnen. Du nennst einen realistischen Preis, bei dem Du aber vermutlich nicht wirklich glücklich wärst, wenn Du ihn bekämst.

Es mag verrückt oder kindlich klingen: Aber vielleicht kennst Du diese irrationale Stimme der Hoffnung, die Dir sagt: „Wenn ich so einen tiefen Preis nenne, erkennt mein Gegenüber das und wird mir mehr Geld anbieten".

Diese Stimme verführt Dich, auf eine Hoffnung zu bauen, die mit an Sicherheit grenzender Wahrscheinlichkeit enttäuscht wird.

„Hüte Dich
vor dem Entschluss,
zu dem Du
nicht lächeln kannst."

Heinrich Friedrich Karl von und zum Stein

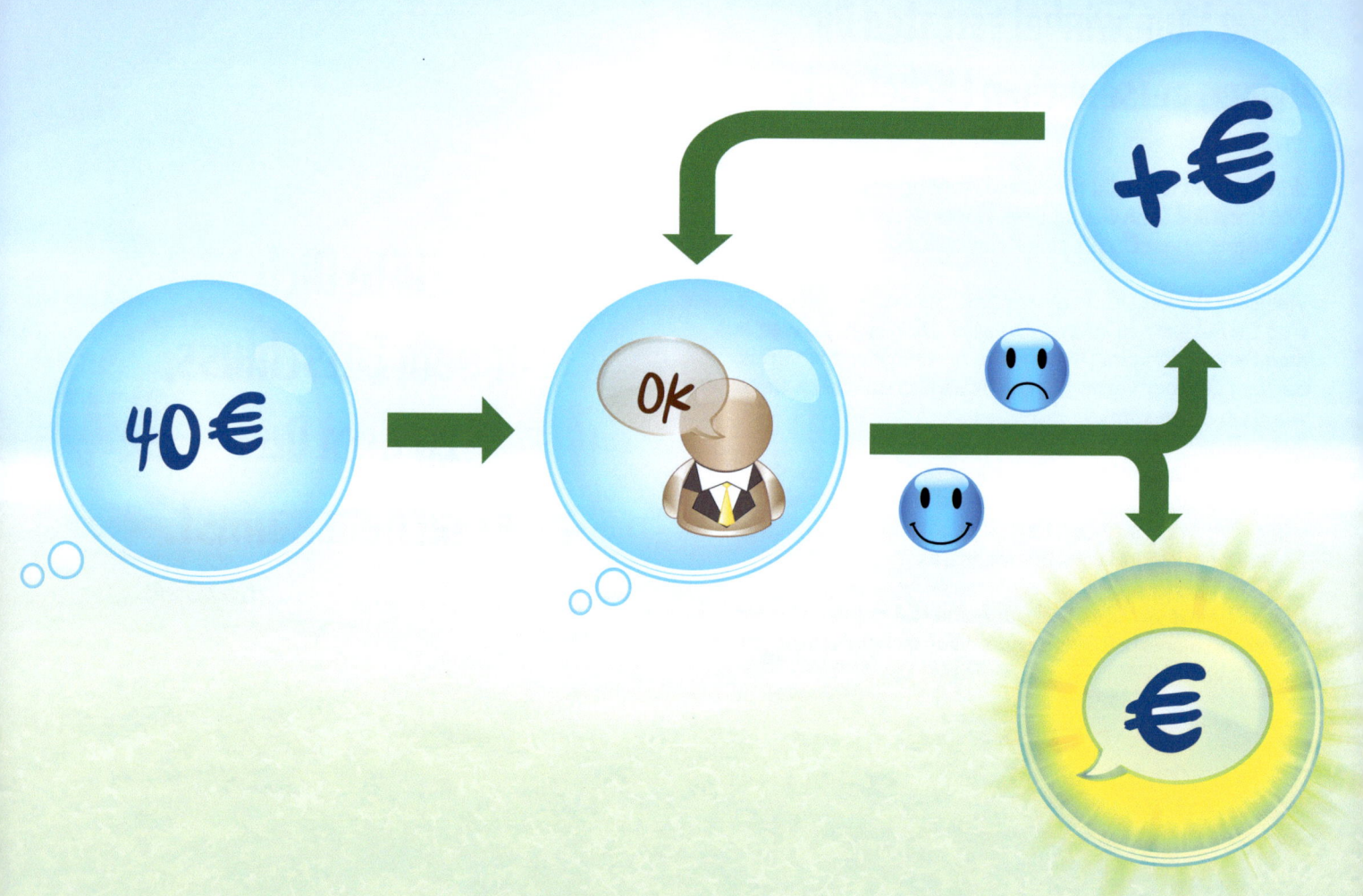

Achte einmal darauf, was in Dir passiert,
wenn Du anerkennst:

„Du bekommst nie mehr Geld, als Du verlangst!"

Mach Dir das einmal ganz klar bewusst und dann stell dir vor, Du wirst noch einmal gefragt:
Was berechnest Du für eine Arbeitsstunde? Wie hoch soll Dein Gehalt bzw. Honorar sein (wenn Du sicher bist, dass Du nicht mehr bekommen wirst, als Du jetzt verlangst)?

Erkenne: Wenn Du eine Summe nennst, die Dich von vornherein nicht glücklich macht, dann hast Du schon verloren.

Deshalb: Verlange ausschließlich Beträge, bei denen Du (innerlich) lächeln kannst, wenn Du daran denkst, dass Deinem Angebot zugestimmt wird.

Denn entweder verlangst Du Geldbeträge, die Dich glücklich oder eben unglücklich machen, wenn Du Sie bekommst.

Und das geht so:

1. Denke jetzt an eine Summe Geld, die Du für Deine Arbeit verlangst.
2. Stell Dir vor, dieser Summe wird zugestimmt.
3. Wenn Du lächelst, dann verlange die Summe.
4. Wenn nicht, dann erhöhe die Summe und gehe nochmal zu Schritt 2.

Wiederhole dieses Gedankenspiel so lange, bis Du zu der Summe, die Du verlangst, (innerlich) lächeln kannst, weil Du mit ihr zufrieden bist.

Wie oft machen Menschen Angebote und verlangen darin Geldbeträge für ihre Arbeit, die sie am Ende nicht zufrieden machen? Wenn Du also nicht von vornherein sicherstellst, dass Du nach getaner Arbeit mit der Zahlung glücklich sein wirst, hast Du schon "verloren".

Du wirst sehen: Es macht richtig Spaß den Lächelfaktor anzuwenden und zu wissen, wo Deine Wohlfühlbeträge liegen. Das hilft auch den Gefühlsknoten im Bauch zu überzeugen einen höheren Betrag zu nennen.

Tipps zum Lächelfaktor

Was Du gerade kennengelernt hast, ist ein ganz wesentlicher Schlüssel, ein Schlüssel zu mehr Geld, Wohlstand und innerer Zufriedenheit. Ich nenne ihn den Lächelfaktor.

Und jetzt gehen wir noch einen Schritt weiter. Denn erfahrungsgemäß gibt es keinen exakten „Lächelbetrag" – sondern eher eine „Lächelspanne".

Man könnte denken: Je größer die Summe, desto breiter das Lächeln. Doch tatsächlich hat fast jeder Mensch auch nach oben hin eine Wohlfühlgrenze. Probiere es einmal aus: Erhöhe in Gedanken den Betrag immer weiter. Irgendwann fängt es Dir vielleicht an unangenehm zu werden, wenn Du an eine Summe denkst, die Du für Deine Arbeit tatsächlich erhalten würdest. Dann bist Du an Deine ganz persönliche Wohlfühlgrenze gekommen (die je nach Arbeit und Auftrag natürlich auch bei Dir selbst schwanken kann).

Nutze das Prinzip des Lächelfaktors, um Deine persönliche Lächelspanne herauszufinden. Innerhalb der Spanne kannst Du Dich frei bewegen. Mal kannst Du Beträge am unteren Bereich, mal am oberen verlangen. Auf diese Weise kannst Du auch auf Dein Gegenüber und dessen Möglichkeiten bzw. auf die Situation eingehen.

Aber Vorsicht: Verlange nicht zu viel Geld! Zu viel meint: Beträge, die weit oberhalb Deiner Lächelspanne liegen. Denn damit bewegst Du Dich aus dem Bereich heraus, den Du instinktiv als angemessen für Deine Arbeit betrachtest. Erfahrungsgemäß fördert ein zu hoher Preis die Wahrscheinlichkeit, dass Du Dir bei Deiner Arbeit selbst zu großen Druck machen wirst, um dem Geld gerecht zu werden, das Du dafür erhältst. Das kann Deine Kreativität blockieren und Dich auf viele Arten sabotieren. Die gute Nachricht lautet: Die Lächelspanne wächst bei jeder guten Erfahrung automatisch mit.

Sobald Du erlebst, dass Du Beträge aus Deiner Lächelspanne nicht nur verlangen kannst, sondern auch bekommst, wirst Du automatisch ein sichereres Gefühl für höhere Beträge entwickeln. Jeder Betrag, den Du erhältst, wird zu einer neuen Unterkante Deiner Lächelspanne. Das ist ein ganz natürlicher Wachstumsprozess. Spiele damit und denke daran:

„Verlangst Du Beträge außerhalb Deiner Lächelspanne, ist das Unglück vorprogrammiert."

Verhandlungstipp für Arbeitnehmer:
Bei der Verhandlung eines neuen Arbeitsvertrags kann es Sinn machen zu sagen: „Ich will so bald wie möglich [Summe] (Dein Lächelbetrag) hier verdienen. Sie kennen mich ja noch nicht und deshalb, bin ich bereit eine erste Zeit für weniger zu arbeiten, so dass Sie sich von dem Nutzen überzeugen können. Am letzten Tag dieser Zeit [Datum] setzten wir uns zusammen und Sie können dann entscheiden, ob ich Ihnen das Wert bin.

Nehmen ist Geben

Nehmen ist Geben

Stell Dir vor, Dein Umzug steht an. Ein guter Freund von Dir hat gerade Zeit und hat sich bereit erklärt, Dir zu helfen. Er packt mit Dir die Kisten. Und während Du in den nächsten Tagen zur Arbeit gehst, organisiert er Deinen Umzug. Er trägt die meisten Kisten, baut alle Möbel auf, hängt Lampen, Vorhänge und Bilder auf, packt die Kisten aus, entsorgt die Umzugskisten und wischt die neue Wohnung einmal komplett sauber. Jeden Tag siehst Du nach der Arbeit, wie Deine Wohnung immer schöner wird, frisch eingerichtet und sauber. Nach fast drei Wochen ist alles fertig.

Du fragst Deinen Freund am letzten Tag, was er für seine Arbeit haben will. Er antwortet: „Sind 30 Euro für Dich insgesamt okay?" – Wie fühlst Du Dich dabei? Gut? Oder schlecht? Vielleicht hast Du das Gefühl, nun in seiner Schuld zu stehen? Würdest Du ihm am liebsten mehr geben, nur um Dich selbst besser zu fühlen?

Beim nächsten Umzug bietet er Dir wieder seine Hilfe an. Würdest Du „Ja" sagen? Schließlich war es letztes Mal richtig günstig für Dich.

Wenn Dein Freund zu wenig für seine Arbeit verlangt, fühlst Du Dich vermutlich schlecht dabei. Du hast sehr viel Nutzen bekommen – und Du willst einen Ausgleich schaffen. Das liegt in der Natur des Menschen. Aber Dein Freund gibt Dir keine Möglichkeit, wenn er zu wenig verlangt. Wirst Du zu den gleichen Konditionen wieder mit ihm arbeiten?

Jetzt drehe das Ganze einmal um: Du bist der Arbeiter, der Nutzenbringer, der zu wenig Geld verlangt.

Nun hast Du bei dem Gedankenspiel eben am eigenen Leib erfahren, was Du Deinem Gegenüber „antust", wenn du für Deine gute Arbeit zu wenig verlangst.
Spürst Du jetzt, wie unwohl sich der andere fühlt, wenn Du zu wenig Geld nimmst? Wird er wieder mit Dir zusammenarbeiten wollen? Er hat so viel von Dir erhalten, aber Du lässt nicht zu, dass er sich bei Dir mit entsprechendem Geld bedankt. Vermutlich fühlt er sich nach dem Bezahlen sogar noch in Deiner Schuld. Und das, weil Du zu wenig verlangst. So hat er kaum eine Möglichkeit, mit Dir ein gutes, ausgeglichenes Gefühl zu bekommen.

Mache Dir bewusst: „Geld-Verlangen-und-Annehmen" ist eigentlich eine Möglichkeit zum „Ausgleich-Geben". Deine Bereitschaft, zu nehmen, ist in Wirklichkeit immer auch ein Geben.

„Wer zu wenig als Ausgleich verlangt, stürzt den anderen in die Schuld."

Wenn Dich künftig jemand fragt, was Du für Deine Arbeit haben willst, denke an die Geschichte mit Deinem Umzug. Stelle ab jetzt sicher, dass Du angemesse Beträge verlangst, damit der andere sich nicht schlecht fühlen „muss".

Viel Spaß beim „Geld verlangen"!

Du bist auf Deinem Weg zu mehr Wohlstand und innerer Zufriedenheit einen entscheidenden Schritt gegangen, indem Du dieses Buch gelesen und damit gearbeitet hast. Doch das ist erst der Anfang. Mein Tipp: Beschäftige Dich immer weiter mit dem Thema Geld. Arbeite dieses Buch ruhig zwei, drei Mal durch, damit Du die Veränderungen wirklich verinnerlichst. Lies weitere Bücher zum Thema. Lerne von Menschen, die gut mit Geld umgehen. Dabei wünsche ich Dir viele neue, spannende Erkenntnisse und freue mich mit Dir und für Dich über die positiven Veränderungen, die sich in Deinem Leben unvermeidbar einstellen werden!

Zum Abschluss schenke ich Dir einen kleinen magischen Trick. Es reicht, wenn Du ihn einmal wirklich durchführst. Nur einmal, aber richtig. Du solltest danach eine sofortige gefühlsmäßige Veränderung zu dem Wort „Geld" bei Dir wahrnehmen können. Nimm Dir Zeit, suche Dir einen ruhigen Ort, an dem Du Dich wohlfühlst und entspannen kannst. Lass Dich am Besten von jemandem durch diese Übung durchführen. Auf diese Weise kannst Du Deine Augen durchgehend geschlossen halten.

„Jedes Vermögen beginnt mit der Idee, wie man anderen etwas Gutes tun kann."

Wohlfühl-Magie zum Thema Geld:
(Tipp: Kopiere diese Seite, dann kannst Du mit diesem magischen Trick auch Deine Freunde verblüffen.)

1) Wie fühlst Du Dich, wenn Du das Wort „Geld" hörst? ....
2) Wie würdest Du Dich gerne fühlen, wenn Du das Wort „Geld" hörst? ....
3) Wenn Du gleich Deine Augen schließt, sage das Wort „Geld".
   Fühle, was in Dir vorgeht, und stelle Dir dabei vor, wie das Wort „Geld" vor Deinem inneren Auge erscheint.

4) Nimm jeden einzelnen Buchstaben wahr.
   Zeige mit den Händen, wie weit entfernt das Wort steht und wie groß die Buchstaben sind.
   Beschreibe kurz die Schrift der Buchstaben........................
   Welche Farbe haben sie?........................
   Sind die Buchstaben zwei- oder dreidimensional? ....
   Aus welchem Material sind die Buchstaben?
   Sind sie fest, weich, warm oder kalt?........................

5) Verändere jetzt innerlich die Buchstaben in Deiner Vorstellung derart, dass Du Dich so fühlst,
   wie Du es im zweiten Schritt beschrieben hast. Sei kreativ dabei! Hier ist alles erlaubt, was Spaß macht.
   Verändere die Farbe, die Schriftform, die Größe.
   Verändere das Material, aus dem die Buchstaben sind.
   Verändere den Hintergrund.
   Lass Geldscheine auf die Buchstaben regnen.
   Oder lass einen Regenbogen erscheinen oder einen Topf voll Gold. Sei kreativ und finde Deine eigenen Bilder!
   Lass ein Geräusch oder einen Klang ertönen, der Dein Gefühl aus dem zweiten Schritt fördert.
   Schau Dir jetzt Dein inneres Bild von dem Wort „Geld" an. Öffne die Augen, schließe sie wieder und zeichne innerlich wieder alles auf, so daß Du alle Details wieder sehen kannst. Schau Dir alles genau an und sage einige Male dabei „Geld". Höre den Klang, siehe das Bild an. Präge Dir das Bild gut ein.

6) Öffne zum Schluss Deine Augen und sage das Wort „Geld". Wie fühlst Du Dich dabei? ....

Tu was Du liebst – und Du musst nie wieder arbeiten!

Mit einem Vorwort von Veit Lindau

Nie wieder arbeiten? Mit Spaß Geld verdienen? Dieses Buch zeigt: Es geht! Die Kernaussage: Die Freude an dem, was man tut, ist kein netter Nebeneffekt – sondern die Grundlage für Glück und Erfolg: „Wenn Du tust, was Du liebst und bereit bist dafür Geld zu nehmen – dann lässt sich Dein Erfolg gar nicht vermeiden!" Dieses Buch beweist es: mit zahlreichen Übungen, Tipps, Denkanstößen, Erkenntnissen, Inspirationen und Erfolgsgeschichten. Jede Menge Werkzeuge und Methoden helfen dem Leser auf die richtige Spur. Damit bietet „Tu was Du liebst ..." zu 100 Prozent Praxis – und ist schon jetzt ein Kultbuch. Das absolute must-have für alle, die mit Freude und Herz ihr Geld verdienen wollen!

„Was ich an Samuels Buch am meisten schätze: Es ist weitaus mehr als eine Sammlung wohlklingender Ideen und Konzepte. Es birgt eine konkrete, wirksame und frisch animierte Anleitung zur Schatzsuche. [...] Samuel ist es gelungen, den Inhalt eines intensiven Workshops didaktisch locker zu vermitteln. Die frischen und klaren Illustrationen verführen zum Weiterlesen und Anwenden." - Veit Lindau, Coach, Trainer und Autor

ISBN-10: 3842300581
ISBN-13: 978-3842300583

Danke Dir ...

*Dad, Yella,
Jörg, Mark, Stephan, Micha, Christian
und alle anderen, die mich unterstützt haben ...
Ihr wisst schon...*

Wie hat Dir das Buch gefallen?
Gab es Aha-Momente?
Welche Erkenntnisse haben bei Dir „Klick" gemacht?

Schreib' mir direkt an: samuel@tu-was-du-liebst.de

Noch eine herzliche Bitte an Dich:

Wenn Dir das Buch gefällt, bitte nimm Dir
eine Minute Zeit und bewerte dieses Buch bei Amazon.

Ich danke Dir.

Dein Samuel